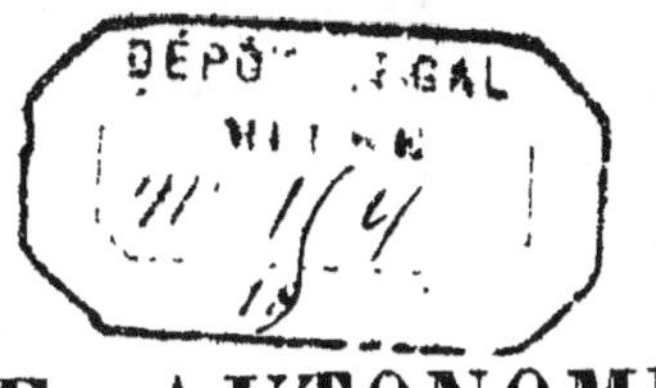

CAISSE AUTONOME
DE RETRAITES

DES

OUVRIERS MINEURS

(Loi du 25 Février 1914)

<table>
<tr><td>COMITÉ CENTRAL
DES
HOUILLÈRES DE FRANCE</td><td>CHAMBRE SYNDICALE FRANÇAISE
DES
MINES MÉTALLIQUES</td></tr>
</table>

55, *Rue de Châteaudun*, PARIS (9ᵉ)

1914

CAISSE AUTONOME DE RETRAITES DES OUVRIERS MINEURS

I

LOI DU 25 FÉVRIER 1914

Modifiant la loi du 29 juin 1894.

TITRE PREMIER

ARTICLE PREMIER. — Dans le délai de six mois à dater de la promulgation de la présente loi, il sera institué, pour le service des retraites des ouvriers mineurs, et des employés des mines de nationalité française, une caisse spéciale, désignée sous le nom de « Caisse autonome des retraites des ouvriers mineurs ».

Cette caisse jouira de la personnalité civile.

Les mineurs étrangers travaillant en France sont soumis au même régime que les mineurs de nationalité française. Toutefois, ils ne peuvent bénéficier des allocations et majorations soit de l'État, soit de la caisse autonome que si des traités avec leurs pays d'origine garantissent à nos nationaux des avantages équivalents.

Art. 2. — La caisse autonome des mineurs fonctionnera sous le contrôle de l'État dans les conditions prévues par la loi du 5 avril 1910.

Elle sera administrée par un conseil composé de :

Six membres élus par les ouvriers remplissant les conditions prévues par la loi de 1894 pour les élections aux fonctions d'administrateurs de caisses de secours et votant dans les mêmes conditions que pour ces élections ;

Six membres élus par les exploitants de mines ;

Six membres représentant l'État, savoir : le directeur général de la Caisse des dépôts et consignations et le directeur de l'assurance et de la prévoyance sociales, membres de droit ; deux membres désignés par le Ministre du Travail et de la Prévoyance sociale ; un membre désigné par le Ministre des Finances, et un membre désigné par le Ministre des Travaux publics.

Neuf membres suppléants, destinés à remplacer, en cas d'absence ou de vacances, les membres titulaires, seront élus et désignés dans les mêmes conditions ;

Trois par les ouvriers ;

Trois par les exploitants ;

Un par chaque ministère intéressé.

Si les ouvriers ou les exploitants renoncent à faire usage de leur droit d'élire des représentants, les membres du conseil non désignés par eux le seront par le Ministre du Travail.

Le conseil nomme, parmi ses membres, un président et un secrétaire.

Un règlement d'administration intérieure, élaboré par le conseil d'administration et soumis à l'approbation du Ministre du Travail et de la Prévoyance sociale, déterminera les attributions et émoluments des agents de la caisse autonome, ainsi que le fonctionnement administratif et les règles de la comptabilité de ladite caisse.

Art. 3. — Les membres composant le conseil d'administration de la caisse autonome des mineurs seront nommés pour quatre ans. Ils pourront être élus ou désignés à nouveau à l'expiration de leur mandat.

Ils seront renouvelables par moitié tous les deux ans.

Le premier renouvellement aura lieu à l'expiration des deux premières années de fonctionnement; les membres renouvelables à la fin des deux premières années seront désignés par voie de tirage au sort.

Nul ne pourra être élu ou désigné au Conseil d'administration de la Caisse s'il n'est en possession de ses droits civils et politiques et ne jouit de la qualité de Français.

TITRE II

Art. 4. — La Caisse nationale des retraites pour la vieillesse restera débitrice des rentes éventuelles ou inscrites correspondant aux versements reçus par elle, en exécution de la loi du 29 juin 1894, antérieurement à la mise en vigueur de la présente loi.

Les exploitants verseront, chaque mois, à la caisse autonome des ouvriers mineurs, pour la formation du capital constitutif des pensions de retraites, une somme égale à 4 0/0 du salaire des ouvriers ou employés, dont :

2 0/0 à leur charge exclusive et

2 0/0 à prélever sur le salaire des ouvriers et employés.

Ces versements seront effectués au nom de chacun des mineurs, à capital aliéné. Toutefois, si l'assuré le demande, les versements prélevés sur son salaire seront faits à capital réservé. Dans ce dernier cas, la majoration dont il bénéficiera en vertu du § 5 de l'article 10 ci-après ne sera pas supérieure à celle qu'il aurait obtenue en faisant ces versements à capital aliéné.

Les versements seront inscrits sur un livret individuel au nom de chaque ouvrier et employé.

Les ouvriers et employés dont les appointements dépassent 3.000 francs ne bénéficieront que jusqu'à concurrence de cette somme des dispositions de la loi.

Les ouvriers et employés pourront joindre à ces versements obligatoires des versements facultatifs.

ART. 5. — Les placements de fonds sont effectués dans les conditions prévues par le § 3 de l'article 15 de la loi du 5 avril 1910.

La gestion financière de la Caisse des retraites des ouvriers mineurs est confiée à la Caisse des dépôts et consignations, qui effectue gratuitement ses placements, moyennant le simple remboursement des droits et frais de courtage ou d'acquisition.

Les placements de la caisse autonome sont effectués sur sa propre désignation. La Caisse des dépôts et consignations ne peut se refuser d'exécuter les ordres d'achat ou de vente, sauf à les fractionner, s'il y a lieu, suivant la situation du marché et sauf avis contraire de la section permanente du Conseil supérieur des retraites ouvrières, en ce qui concerne les ordres de vente.

Le compte courant ouvert par la Caisse des dépôts et consignations au profit de la caisse autonome des retraites des ouvriers mineurs produit un intérêt égal à celui du compte courant de la Caisse des dépôts et consignations au Trésor.

Un règlement d'administration publique, rendu sur la proposition des ministres des Finances et du Travail après avis de la commission de surveillance de la Caisse des dépôts et consignations, détermine les mesures d'exécution relatives à la gestion financière.

ART. 6. — L'entrée en jouissance des pensions, allocations et majorations est fixée à cinquante-cinq ans.

Pour avoir droit aux allocations et majorations fournies par l'État et le fonds des majorations, tout ouvrier mineur devra justifier de trente années de travail salarié dans les mines françaises, sans que le nombre total des journées de travail réparties entre ces trente années puisse être inférieur à 7.920 journées.

Les journées de repos pour blessures et maladies seront comptées comme journées de travail ; les caisses de secours verseront au compte de l'ouvrier une somme équivalente à 5 0/0 de l'indemnité journalière prévue par les règlements de ces caisses, par journée de repos occasionnée par la blessure ou la maladie, sauf les cas d'accidents régis par la loi du 9 avril 1898.

Art. 7. — Les ouvriers ou employés qui seront atteints, en dehors des cas régis par la loi du 9 avril 1898 et à l'exclusion de toute faute intentionnelle, de blessures graves ou d'infirmité prématurée entraînant une incapacité absolue et permanente de travail, auront droit, quel que soit leur âge, à la liquidation anticipée de leur retraite.

Les pensions ainsi liquidées seront majorées par l'État dans les conditions prévues par la loi des retraites ouvrières.

Elles pourront être également majorées par le fonds de majoration de la caisse autonome, dans la mesure de ses ressources et proportionnellement au nombre d'années de travail à la mine.

TITRE III

Art. 8. — Chaque ouvrier mineur de nationalité française, après cinquante-cinq ans d'âge et trente années de travail, recevra de l'État une allocation annuelle de 100 francs.

Tous les ouvriers mineurs, leurs veuves et leurs enfants profiteront, en outre, de tous les autres avantages prévus par les lois du 5 avril 1910 et du 27 février 1912.

Bénéficieront, notamment, des avantages de la période

transitoire, à charge de se faire inscrire dans l'année du jour de la promulgation de la présente loi, et d'effectuer tous les versements prescrits par la loi du 5 avril 1910, les ouvriers et employés qui, se trouvant dans les conditions requises par l'article 4, § 5, de ladite loi, mais qui, étant au service d'une exploitation minière, n'ont pas pu réclamer leur inscription dans le délai imparti par l'article 62 de la loi de finances du 27 février 1912.

Art. 9. — Les femmes non salariées des ouvriers mineurs peuvent profiter des avantages des lois du 5 avril 1909 et du 27 février 1912 et se constituer une pension de retraite indépendante de celle de leur mari.

Elles profiteront de tous les avantages prévus par lesdites lois au profit des assurées facultatives.

Les délais impartis par ces lois pour ces déclarations sont, en ce qui les concerne, prorogés et expireront un an après la promulgation de la présente loi.

TITRE IV

Art. 10. — La caisse autonome des mineurs disposera d'un fonds spécial qui sera alimenté de la façon suivante :

1° Par un prélèvement sur le salaire de chaque ouvrier ou employé dont le taux sera fixé par le conseil d'administration de la caisse sans pouvoir dépasser 1 0/0 ;

2° Par un versement patronal égal à celui des ouvriers.

Ces versements seront faits en même temps et de la même manière que ceux prévus à l'article 4 ;

3° Par une contribution de l'État qui sera fixée annuellement par la loi de finances et ne pourra être inférieure à deux millions de francs ;

4° Par des dons et legs, et par les revenus des fonds placés ;

5° Par une part, égale à la moitié, des offres spontanées

faites par les concessionnaires en vue d'obtenir les actes de concession signés après le 1ᵉʳ février 1912.

Ce fonds spécial est destiné :

1° A faire face aux frais d'administration de la caisse ;

2° A assurer à tous les pensionnés et allocataires anciens, à quelque titre qu'ils l'aient été, des majorations et allocations qui ne sauraient être inférieures à celles qu'ils recevaient jusqu'alors ;

3° A majorer jusqu'à 730 francs par an, y compris l'allocation prévue au § 1ᵉʳ de l'article 8, et proportionnellement au salaire calculé sur les six meilleures années, les pensions et allocations de toute nature profitant aux ouvriers mineurs, qui remplissent les conditions de l'article 6 ;

4° A assurer jusqu'à 365 francs aux veuves des pensionnés et allocataires une allocation au moins égale à la moitié de la pension ou de l'allocation de leur mari majorée dans les limites du paragraphe précédent ;

5° A donner une allocation calculée à raison de 12 francs par année de travail à la mine, aux anciens ouvriers mineurs non pensionnés ni allocataires ayant quitté le travail avant l'application de la présente loi et comptant au moins cinquante-cinq ans d'âge et trente ans de travail salarié dont quinze à la mine ;

6° A assurer aux veuves des anciens ouvriers mineurs visés au paragraphe précédent, et aux veuves des ouvriers mineurs morts en cours d'acquisition de pension, une allocation qui pourra égaler celle prévue, en cas de décès de l'ouvrier, par l'article 6 de la loi du 5 avril 1910 ;

7° A donner aux orphelins des ouvriers mineurs une allocation qui pourra égaler celle prévue, en cas de décès de l'ouvrier, par l'article 6 de la loi du 5 avril 1910.

Les pensions et allocations des veuves visées aux §§ 2, 4 et 6 de cet article ne sont attribuables que s'il n'y a point eu divorce ou séparation de corps prononcé aux torts exclusifs de la femme et si le mariage est de trois ans au moins antérieur à l'époque de la cessation du travail du mari

Toutefois, aucune condition de durée de mariage n'est exigible s'il existe un enfant né des conjoints au moment de la cessation du travail du mari et lorsque la cessation du travail du mari est la conséquence d'un accident du travail, il suffit que le mariage soit antérieur à l'accident.

En cas de remariage, l'allocation cesse d'être versée à la veuve ; toutefois, elle bénéficie d'un versement immédiat et égal à trois annuités de l'allocation qui lui était attribuée.

Un règlement d'administration publique rendu sur la proposition des ministres du Travail et des Travaux publics et des Finances, et après avis du conseil d'administration de la caisse autonome, réglera les conditions requises pour avoir droit aux majorations et allocations et la quotité de celles-ci.

Art. 11. — Au cas où un exploitant, par une convention collective de travail, assurerait, à ses frais, à ses ouvriers et employés et à leurs veuves, le plein des majorations et allocations à servir sur le fonds spécial s'élevant à 730 francs pour les ouvriers et employés et à 365 francs pour les veuves et où il ferait à tous les autres ayants droit de l'article 7 et de l'article 10 le plein des avantages qu'ils obtiendraient par le jeu de ces articles, il serait déchargé, et ses ouvriers et employés le seraient avec lui, de toute contribution au fonds spécial de majoration, à la condition, toutefois, que les charges assumées ne soient pas inférieures à la cotisation de 1 0/0 dont il serait exempté.

En cas de résolution de la convention pour quelque cause que ce soit, les patrons et ouvriers rentreraient dans le droit commun.

Le règlement d'administration prévu à l'article précédent indiquera le mode d'application de cet article et les justifications de paiement à produire en fin d'année par l'exploitant.

TITRE V

Art. 12. — Les délégués mineurs et suppléants seront assimilés aux ouvriers et employés, en ce qui concerne les obligations et les avantages de la présente loi.

Ceux qui ont un traitement correspondant à un minimum de vingt journées de travail subiront une retenue de 2 0/0 sur leur traitement, retenue qui sera effectuée par la caisse opérant le paiement.

La même retenue sera opérée sur les traitements des délégués ou suppléants qui ont un nombre de journées inférieur à vingt, quel que soit le nombre de ces journées.

Pour les délégués mineurs et suppléants ayant un nombre inférieur à vingt et travaillant dans l'exploitation, l'exploitant opérera la retenue sur les journées de travail effectuées, dans les mêmes conditions que pour les autres ouvriers.

Les délégués mineurs qui, ayant un traitement inférieur à vingt journées de travail, ne travaillent plus à l'exploitation, devront compléter eux-mêmes, par un versement mensuel, la retenue opérée sur leur traitement de délégué mineur, de telle sorte, que versement et retenue équivalent à une retenue opérée sur vingt journées de traitement de délégué mineur, au taux de journée fixé par le préfet pour la circonscription, sous peine de perdre leurs droits à la retraite.

L'État complétera les versements des délégués mineurs par un versement correspondant d'au moins 2 0/0.

Les veuves et orphelins des délégués mineurs jouiront des mêmes avantages que les veuves et orphelins des ouvriers et employés.

Les anciens délégués mineurs bénéficieront du même

traitement que les anciens ouvriers, dès lors qu'ils rempliront les mêmes conditions de durée de services et d'âge que ceux-ci.

Les charges imposées par l'article 10 seront subies sur les mêmes bases qu'au paragraphe précédent, par voie de retenue et de versement.

TITRE VI

ART. 13. — Les caisses patronales, les caisses de liquidation et les exploitants, qui assurent eux-mêmes les pensions acquises par les anciens ouvriers fourniront chaque année, et pour la première fois dans le mois qui suivra le fonctionnement de la Caisse autonome des retraites, un état nominatif indiquant :

Les noms, l'âge et le domicile des pensionnés ;

Le nombre d'années pendant lesquelles ils ont travaillé à la mine ;

Le montant de la retraite qui doit leur être servie au cours de l'année.

Ils fourniront également l'état annuel de leurs opérations.

Ils devront en outre faire connaître à la caisse la date des décès qui se produiraient au cours de l'année.

Les titres de rentes délivrés aux ouvriers mineurs par la Caisse nationale des retraites pour la vieillesse en représentation de versements effectués par application de la loi du 29 juin 1894, seront adressés par cette caisse à la caisse autonome des retraites des ouvriers mineurs qui sera ainsi en mesure de payer sous sa responsabilité les arrérages de ces rentes en même temps que les autres arrérages à sa charge.

Les sommes payées par la caisse autonome pour le compte de la Caisse nationale des retraites pour la vieillesse lui seront remboursées par celle-ci sur la production des extraits d'inscription et des certificats de vie portant l'acquit des parties prenantes, ou, s'il s'agit de paiements faits à des héritiers, sur la production des quittances de ces derniers appuyées des pièces établissant leurs droits.

Art. 14. — Toutes les pensions et allocations versées en application de la présente loi seront incessibles et insaisissables, si ce n'est au profit des établissements publics hospitaliers, pour le paiement du prix de journée du bénéficiaire de la retraite admis à l'hospitalisation.

Tous actes, documents et pièces quelconques à fournir pour l'exécution de la présente loi, seront délivrés gratuitement et dispensés des droits de timbre et d'enregistrement.

Art. 15. — Les dispositions de la loi du 29 juin 1894, ainsi que celles de tous lois et décrets concernant les retraites des mineurs qui sont contraires à la présente loi, sont abrogées.

Aucun préjudice ne peut résulter de ces dispositions pour les droits acquis lors de la mise en vigueur de la présente loi.

Leurs titulaires ou ayants droit jouiront d'une pension au moins égale à celle qu'ils auraient eue sous la législation antérieure.

Art. 16. — Un règlement d'administration publique, rendu sur la proposition du Ministre du Travail et de la Prévoyance sociale et du Ministre des Finances, déterminera toutes les conditions d'application de la présente loi.

Art. 17. — Le paiement des pensions établies par la présente loi pourra avoir lieu tous les mois.

Art. 18. — Les dispositions de la présente loi entreront en vigueur six mois après sa promulgation.

BAR-LE DUC. — IMPRIMERIE CONTANT LAGUERRE

II

DÉCRET DU 31 MARS 1914

Portant règlement d'administration publique en exécution de la loi du 25 février 1914, pour les élections au conseil d'administration de la caisse autonome de retraites des ouvriers mineurs.

Le Président de la République française,

Sur le rapport du Ministre du Travail et de la Prévoyance sociale et du Ministre des Finances ;

Vu la loi du 25 février 1914, modifiant la loi du 29 juin 1894 et créant une caisse autonome de retraites des ouvriers mineurs, et spécialement son article 16 ainsi conçu :

« Un règlement d'administration publique, rendu sur la proposition du Ministre du Travail et de la Prévoyance sociale et du Ministre des Finances, déterminera toutes les conditions d'application de la présente loi » ;

Vu l'avis du Conseil général des mines ;

Le Conseil d'État entendu,

Décrète :

Art. 1er. — Les mines sont réparties, pour les élections au conseil d'administration de la caisse autonome des retraites des ouvriers mineurs, en trois sections électorales ainsi composées :

1re section. — Arrondissements minéralogiqueš d'Arras et de Douai.

2e section. — Arrondissements minéralogiques du Mans, de Versailles, Nancy, Chalon-sur-Saône et Saint-Étienne.

3e section. — Arrondissements minéralogiques de Poitiers, Clermont-Ferrand, Grenoble, Marseille, Alais, Toulouse et Bordeaux.

Chacune de ces sections a droit, pour chaque catégorie d'électeurs, à deux représentants titulaires et à un représentant suppléant.

Le tirage au sort des membres titulaires sortant au premier renouvellement a lieu par section; il y est procédé par le conseil d'administration.

ART. 2. — Pour l'élection des représentants des ouvriers mineurs, sont électeurs tous ouvriers et employés du fond et du jour participant, en vertu de la loi du 29 juin 1894, aux élections au conseil d'administration des sociétés de secours.

Pour l'élection des représentants des exploitants, chaque exploitant d'une mine où fonctionne une société de secours dispose d'une voix jusqu'à 100 ouvriers et employés inscrits comme électeurs en conformité du paragraphe précédent, et par 100 ouvriers et employés en sus. Si la mine est exploitée par plusieurs personnes ou par une société, le droit de vote est attribué pour cette mine au représentant désigné en vertu de l'article 7, § 2, de la loi du 27 avril 1838.

ART. 3. — Lors des premières élections au conseil d'administration, il est procédé dans chaque section et pour chaque catégorie à l'élection de deux membres titulaires et d'un membre suppléant.

Chaque bulletin de vote contient trois noms.

Lors des élections subséquentes et tous les deux ans, il est procédé dans chaque section et pour chaque catégorie :

1o Au remplacement du membre titulaire dont le mandat

expire et, le cas échéant, de l'autre membre titulaire, décédé ou démissionnaire avant la fixation de la date du scrutin. Le membre titulaire élu en remplacement du membre décédé ou démissionnaire ne l'est que pour la période de deux ans qui restait à courir jusqu'à l'expiration du mandat de celui-ci ;

2° A l'élection d'un membre suppléant.

Chaque bulletin de vote contient autant de noms que de membres à élire.

Art. 4. — Un arrêté du Ministre du Travail et de la Prévoyance sociale détermine le nombre des membres à élire et fixe la date du scrutin, qui a toujours lieu un dimanche.

Cet arrêté est inséré au *Journal officiel*; il est affiché et publié par les soins du préfet dans les communes intéressées quinze jours au moins avant le jour du scrutin.

Il est en même temps notifié aux exploitants, ainsi qu'aux présidents des sociétés de secours.

Art. 5. — Pour l'élection des représentants des ouvriers mineurs, la liste électorale est établie et le vote a lieu, dans chaque circonscription de société de secours, suivant les formes et dans les conditions fixées pour les élections au conseil d'administration de la société.

Le jour même de l'élection ou, si le dépouillement du scrutin n'est terminé qu'après la fermeture du bureau de poste de la commune où ont eu lieu les opérations électorales, dans la matinée du lendemain, au plus tard, le président du bureau électoral adresse, pour les premières élections, sous le couvert du Ministre du Travail et de la Prévoyance sociale, à la commission spéciale prévue par l'article 10 ci après et, pour les élections subséquentes, au conseil d'administration de la caisse autonome, sous pli cacheté et recommandé, le procès-verbal des opérations électorales, qui doit faire connaître :

1° Le nom de la société de secours et celui de la mine dont elle dépend ;

2° Le nombre des électeurs inscrits ;

3° Le nombre des votants ;

4° Le nombre des suffrages exprimés ;

5° Le nombre des suffrages obtenus par chaque candidat.

Les bulletins contestés, dûment paraphés, sont joints, ainsi qu'un exemplaire de la liste électorale, au procès-verbal.

Art. 6. — Pour l'élection des représentants des exploitants de mines, chaque exploitant adresse, le jour même du scrutin, pour les premières élections, sous le couvert du Ministre du Travail et de la Prévoyance sociale, à la commission spéciale prévue par l'article 10 ci-après et, pour les élections subséquentes, au conseil d'administration de la caisse autonome, sous pli cacheté et recommandé, son bulletin de vote placé sous une seconde enveloppe également cachetée et accompagné d'une déclaration faisant connaître :

1° Le nom de la mine et les noms des sociétés de secours qui en dépendent ;

2° Le nombre des ouvriers mineurs inscrits comme électeurs pour chacune de ces sociétés de secours.

Si l'exploitant a droit, d'après l'article 2 du présent décret, à plusieurs suffrages, il les exprime au moyen de bulletins de vote distincts, enfermés dans des enveloppes séparées.

Art. 7. — La commission spéciale, en ce qui concerne les premières élections, ou le conseil d'administration de la caisse autonome, pour les élections suivantes, procède au dépouillement des votes qui lui ont été expédiés en exécution des articles précédents.

La commission ou le conseil arrête, pour chaque section électorale, le nombre total des électeurs ouvriers inscrits et celui des suffrages exprimés, ainsi que le nombre de suffrages obtenus par chaque candidat.

Il est procédé de même pour le scrutin des exploitants.

Dans chaque section et pour chaque catégorie, les élections ont lieu à la majorité relative des suffrages exprimés.

Les candidats qui ont obtenu le plus grand nombre de suffrages sont déclarés élus membres titulaires.

Le candidat venant à la suite dans chaque catégorie est déclaré élu membre suppléant.

En cas d'égalité de suffrages, l'élection est acquise au plus âgé des candidats.

ART. 8. — La commission ou le conseil transmet immédiatement au Ministre du Travail et de la Prévoyance sociale, pour être publiés dans le plus prochain numéro du *Journal officiel*, les résultats des élections et les communique tant aux présidents des sociétés de secours qu'aux exploitants.

ART. 9. — Les contestations relatives à la formation des listes électorales et à la validité des opérations électorales sont, sous réserve des dispositions ci-après, jugées conformément à l'article 13 de la loi du 29 juin 1894.

Le juge de paix compétent est, pour les premières élections, celui du 7e arrondissement de Paris et, pour les élections subséquentes, celui de l'arrondissement de Paris où la caisse autonome a son siège.

Les réclamations sont consignées dans les procès-verbaux des opérations électorales. Sinon elles doivent être formulées, dans les quinze jours de la publication des résultats du scrutin au *Journal officiel*, soit devant le juge de paix compétent pour statuer en vertu du paragraphe précédent, soit devant le juge de paix de la commune où les opérations ont eu lieu, sauf à celui-ci à les transmettre sans délai audit juge de paix avec les pièces à l'appui.

ART. 10. — Il est procédé au dépouillement des votes pour les premières élections par une commission spéciale dont les membres sont désignés par le Ministre du Travail et de la Prévoyance sociale; elle comprend deux représentants des ouvriers mineurs, deux représentants des exploitants, un représentant du ministère du Travail et de la Prévoyance sociale et un représentant du ministère des Travaux publics.

Le ministre désigne le président et le secrétaire de cette commission.

ART. 11. — Le Ministre du Travail et de la Prévoyance sociale et le Ministre des Finances sont chargés, chacun en ce qui le concerne, de l'exécution du présent décret, qui sera publié au *Journal officiel* de la République française et inséré au *Bulletin des lois*.

Fait à Paris, le 31 mars 1914.

R. POINCARÉ.

Par le Président de la République :

*Le Ministre du Travail
et de la Prévoyance sociale,*

ALBERT MÉTIN.

Le Ministre des Finances.

RENÉ RENOULT.

III

ARRÊTÉ DU 31 MARS 1914

Fixant la date des élections du conseil d'administration de la caisse autonome des retraites des ouvriers mineurs.

———

Le Ministre du Travail et de la Prévoyance sociale,

Vu la loi du 25 février 1914, modifiant la loi du 29 juin 1894 et créant une caisse autonome de retraites des ouvriers mineurs;

Vu le décret du 31 mars 1914, portant règlement d'administration publique pour l'application de ladite loi, et notamment son article 4

Sur la proposition du conseiller d'État, directeur de l'assurance et de la prévoyance sociales,

Arrête :

Art. 1er. — Les élections au conseil d'administration de la caisse autonome de retraites des ouvriers mineurs auront lieu le dimanche 3 mai 1914 dans les conditions déterminées par le décret du 31 mars 1914.

Art. 2. — Pour chacune des sections électorales fixées par ledit décret, il sera procédé tant par les ouvriers que par les exploitants, à l'élection de deux membres titulaires et d'un membre suppléant.

Art. 3. — Le présent arrêté sera inséré au *Journal officiel*. Il sera affiché et publié par les soins du préfet dans les communes intéressées quinze jours au moins avant le jour du scrutin.

Il sera en même temps notifié par les soins du préfet aux exploitants, ainsi qu'aux présidents des sociétés de secours régies par la loi du 29 juin 1894.

Paris, le 31 mars 1914.

ALBERT MÉTIN.

CAISSE DE SECOURS ET DE RETRAITES DES OUVRIERS MINEURS

Loi sur les caisses de secours et de retraites des ouvriers mineurs (promulguée le 29 juin 1894), suivie de la loi complémentaire du 19 décembre 1894). 1 broch. de 36 p. in-8° (1895). **1 »**

Loi portant rectification de la loi du 29 juin 1894 sur les caisses de secours et de retraites des ouvriers mineurs (promulguée le 19 décembre 1894). Exposé des motifs du projet de loi. Rapport de M. Audiffred à la Chambre des députés. Rapport de M. Cuvinot au Sénat. Circulaire du ministre des Travaux publics. 1 brochure de 20 pages in-8° (1894)...... . ..., **1 »**

Collection de documents officiels relatifs à l'application de la législation sur les caisses de secours et de retraites, comprenant :

1° Règlement d'administration publique pour l'exécution des articles 1, 2, 3 et 28 de la loi du 29 juin 1894.

2° Circulaire du garde des Sceaux aux procureurs généraux sur les attributions conférées aux juges de paix par la loi du 29 juin 1894.

3° Loi modifiant l'article 11 de la loi du 29 juin 1894 (formalités du vote).

4° Circulaire du Ministre des Travaux publics sur l'application de la loi du 6 juillet 1896.

5° Circulaire du Ministre des Travaux publics relative à diverses questions concernant les versements pour la retraite.

6° Circulaire du Ministre des Travaux publics, relative à la surveillance de l'Administration sur les sociétés de secours.

7° L'assistance judiciaire dans les Caisses de secours des ouvriers mineurs (loi du 29 juin 1894)

8° L'assistance judiciaire dans les Caisses de secours et de retraites des ouvriers mineurs (loi du 29 juin 1894). Instruction du Directeur général de l'Enregistrement, des Domaines et du Timbre.

9° Circulaire de M. le Ministre des Travaux publics relative aux modifications de la loi du 29 juin 1894 par la loi du 1er avril 1898, sur les sociétés de secours mutuels.

10° Circulaire du Ministre des Travaux publics relative à l'instruction des demandes en modification de statuts des sociétés de secours (loi du 29 juin 1894).

Prix..................................... ... **1 »**

Les caisses de secours et de prévoyance de la Compagnie houillère de Bessèges. -- Caisses de secours, de retraites, d'épargne, de gratifications ; compte de libéralités ; magasins de subsistances, par M. J.-B. Marsaut, ingénieur en chef de la Compagnie houillère de Bessèges (1889), 1 vol. de 138 pages in-8°........ **1 50**

Les Caisses de retraites des ouvriers mineurs de Bessèges, Anzin et Ronchamp, 12 pages in-4°.......... .... **0 50**

Conférence à la Société d'économie sociale sur les caisses de secours des ouvriers mineurs, par G. Gruner, ingénieur civil des mines, 1 brochure, 24 pages in-8°.......... **0 50**

Observations présentées à la Commission d'assurance sociale le 26 novembre 1901 au sujet du projet de loi tendant à améliorer les retraites des ouvriers mineurs, 1 brochure, 72 pages in-4°... **1 »**

Notes sur les conditions du fonctionnement des livrets individuels établis en exécution de la loi du 29 juin 1894 sur les pensions de retraites des ouvriers mineurs, 1 brochure, 32 pages in-4°.......... .... **1 »**

Ministère du Travail : Les Caisses de secours et de retraites des ouvriers mineurs.................... **2 25**

BAR LE-DUC. — IMPRIMERIE CONTANT-LAGUERRE.